BIBLIOTHÈQUE DIEPPOISE

NOTICE

SUR

DAVID ASSELINE

CHRONIQUEUR DIEPPOIS

1619-1703

PAR

MICHEL HARDY

Bibliothécaire-Archiviste et Directeur du Musée de Dieppe

DIEPPE

IMPRIMERIE D'ÉMILE DELEVOYE

RUE DES TRIBUNAUX, 7

1874

FAC-SIMILE
L'ÉCRITURE DE DAVID ASSELINE.

Sur le vaisseau qui figure aux armes de Dieppe :

Ni les feux des souffres ardans,
Ni des Pyrates l'Equipage,
Passans sur la mer en tout temps,
N'ont fait en ecette nef naufrage :
Quoyque souvent par grand orage,
Soit assaillie; elle est habile,
Elle a de bien nager l'usage,
Elle a bon mast, et anchre, et quille.

(Antiquitez et Chroniques de la Ville de Dieppe, t. II, p. 132.)

SIGNATURE DE DAVID ASSELINE :

David Asseline prestre.

NOTICE

SUR

DAVID ASSELINE

CHRONIQUEUR DIEPPOIS

1619-1703

PAR

MICHEL HARDY

Bibliothécaire-Archiviste et Directeur du Musée de Dieppe

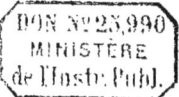

DIEPPE

IMPRIMERIE D'ÉMILE DELEVOYE

RUE DES TRIBUNAUX, 7

1874

TIRÉ A 34 EXEMPLAIRES

3 Papier de Chine.
3 — de Hollande.
3 — vergé fort.
25 — vergé moyen raisin.

NOTICE

SUR

DAVID ASSELINE

David Asseline vint au monde vers 1619 (1). Nos historiens s'accordent à dire que ce fut à Dieppe, et nous-même inclinons beaucoup à l'admettre ; il se pourrait, toutefois, que le village de Longueil fût le lieu de sa naissance.

Sa famille y possédait une fortune assez considérable et y séjournait habituellement. En 1668, Martine Hambon ou Hauron, la mère de David Asseline, y rendait le dernier soupir, et nous verrons que notre chroniqueur lui-même s'y retira vers la fin du dix-septième siècle et y termina ses jours.

Cette affection pour la terre de Longueil et l'existence en cette commune du patrimoine de la famille Asseline ne laissent pas, nous devons l'avouer, d'éveiller dans notre esprit quelque doute, et nous sommes encore à nous demander quel fut le lieu précis de la naissance de notre chroniqueur.
— *Honorable homme Jean Asseline*, son père, est, il est vrai, qualifié sur plusieurs actes du titre de *bourgeois de la ville de Dieppe ;* mais on sait qu'une année de séjour dans une ville suffisait, au dix-septième siècle, pour donner droit au titre de bourgeois et que les nombreux priviléges attribués à cette qualité la faisaient avidement rechercher de bon nombre d'habitants des communes rurales. Nous en avons eu maintes

(1) A peine est-il nécessaire de relever ici l'erreur de M. Th. Lebreton (*Biographie normande*, t. 1er, p. 30) qui fait naître Asseline vers la fin du seizième siècle.

fois la preuve, et, du temps même d'Asseline, nous voyons à Longueil plusieurs notables du village qualifiés bourgeois de la ville de Dieppe.

Les registres des baptêmes des anciennes paroisses de Dieppe et ceux de l'église de Longueil pouvaient seuls résoudre la difficulté; malheureusement les registres de Longueil, pour les premières années du xviie siècle, sont égarés ou détruits, et nos recherches dans le dépôt de l'ancien bailliage de Dieppe n'ont pas eu de succès.

Nous avons pu cependant nous convaincre qu'Asseline n'avait pas été baptisé dans l'église Saint-Remy de Dieppe, et que, s'il est dieppois de naissance, il vit le jour sur la paroisse Saint-Jacques.

L'obscurité qui enveloppe le berceau d'Asseline et s'étend malheureusement à presque toute sa vie entoure aussi sa famille.

Ce que furent ses ancêtres, nous l'ignorons entièrement.

Un seul renseignement à leur égard nous est fourni par Asseline lui-même dans son manuscrit des *Antiquitez et Chroniques de la ville de Dieppe.*

En 1554, deux confrairies, l'une de Saint-Romain et l'autre du Saint-Sacrement, toutes deux établies en l'église Saint-Jacques, avaient été réunies par Mgr de Vendôme, archevêque de Rouen. Un moment dissoute par la violence de l'hérésie, la pieuse association reprit vigueur en 1563.

« Entre les trois premiers de ces confrères, nous dit Asseline, le nouveau registre compte un de mes ayeux, nommé *Vincent Asseline.* Qu'il me soit permis de dire, comme en passant, qu'il remplit la signification de son nom, ayant aidé à *vaincre* l'hérésie et inspiré à ses descendants tant de dévotion envers le Saint-Sacrement de l'autel, qu'ils se sont toujours depuis fait enrôler dans ce collége. De sorte que l'on peut dire que, s'ils n'ont esté de la race du docte et pieux Asseline, qui écrivit contre les erreurs de Bérenger, ils ont au moins beaucoup participé à son zèle (1). »

(1) David Asseline, *Antiq. et Chron. de la ville de Dieppe*, t. 1er, p. 223.

C'est avec plaisir que nous transcrivons ce témoignage de notre auteur en faveur de ses ancêtres. Si leur souvenir même est maintenu perdu, nous savons du moins que tous ont été recommandables par leur grande piété.

Les registres des baptêmes, mariages et décès des paroisses de Dieppe permettent de constater la présence dans cette ville, dans le cours du dix-septième siècle, d'un assez grand nombre de personnes portant le nom d'Asseline.

Nous distinguons surtout deux familles que nous croyons avoir eu des liens de parenté avec celle de notre chroniqueur.

C'est d'abord celle de honorable homme M⁰ David Asseline, conseiller de la ville. Marié à Demoiselle Catherine Vatier, il en eut cinq enfants : Jacques, Pierre, Madeleine, Geneviève et Anne, entre les années 1618 et 1625.

Nous soupçonnons fort ce David Asseline d'avoir été le parrain de l'auteur des *Antiquitez et Chroniques de la ville de Dieppe*. Outre l'identité des noms, les dates s'accordent parfaitement pour donner à cette hypothèse tous les caractères de la vraisemblance.

A peu près dans le même temps, nous trouvons à Dieppe noble homme Jean Asseline. Il épousa Demoiselle Marie de Boissière et en eut également cinq enfants : Marie, Pierre, David, Catherine et Michel, de 1645 à 1655. Le jeune David, né en 1649, avait pour marraine Geneviève Asseline, alors âgée de 26 ans et fille du conseiller.

Malgré la ressemblance des noms, il faudrait se garder de confondre noble homme Jean Asseline, l'époux de Marie de Boissière, avec le père de notre David Asseline. Nous avons déjà dit que ce dernier était le fils de Martine Hambon ou Hauron, laquelle ne décéda qu'en 1668.

Vainement avons-nous cherché dans les registres de Dieppe les traces de Jean Asseline et de Martine, sa femme.

L'opinion que nous avons précédemment émise que cette famille appartenait plutôt au village de Longueil acquiert, par ce fait même, une plus grande probabilité. Une circonstance, du reste, confirme encore cette hypothèse.

Nous trouvons à Longueil, également au dix-septième siècle, un sieur Guillaume Asseline que M. l'abbé Lamurée, curé actuel de cette paroisse, dans une excellente notice à laquelle nous recourrons souvent (1), affirme avoir été l'oncle du chroniqueur.

On pourrait dès lors, sans trop de témérité, considérer le village de Longueil comme ayant été le berceau de la famille de notre David Asseline.

Guillaume Asseline Ier, rapporte M. l'abbé Lamurée, dota l'église de Longueil de la belle verrière représentant son saint patron. Il avait fondé en outre, à perpétuité, une messe qui devait être chantée « au jour et fête du bienheureux saint Guillaume, échéante au 10e jour de janvier ; plus le chant des litanies de la vierge Marie à la chapelle du Saint-Rosaire. »

Il avait épousé en premières nôces une demoiselle Durémont, et en secondes nôces Madeleine-Thérèse Duval. Il eut une fille, Marie, qui, le 13 avril 1668, fut mariée à Jacques de Tourneroche, seigneur de Roumare, et un fils, Dominique-Augustin-Guillaume II, qui devint sieur de La Motte, embrassa la carrière militaire, mérita le grade de lieutenant de cavalerie et fut enfin nommé vicomte d'Arques.

Ce Guillaume Asseline II, sieur de La Motte, serait donc le cousin germain de notre chroniqueur.

David Asseline, ainsi qu'il nous l'apprend lui-même (2), fit ses études à Dieppe, au collége des Pères de l'Oratoire.

Cette maison, fondée en 1616, avait acquis bientôt une certaine célébrité, et toute la jeunesse du pays, avide de savoir, s'y donnait rendez-vous.

(1) Cette notice, la plus complète qui ait été faite sur David Asseline, a été publiée dans la *Vigie de Dieppe*, numéro du 9 mai 1862, sous ce titre : *Une page d'histoire locale. — Hommage rendu à David Asseline dans l'église de Longueil*. Elle n'a pas été mise en brochure et n'a été connue par suite que d'un trop petit nombre de lecteurs.

(2) David Asseline, *Antiq. et Chron. de la ville de Dieppe*, t. II, p. 184.

Près de quatre mille écoliers (1), si nous en croyons Asseline et nos autres annalistes dieppois, en suivaient les cours dès les premières années de son établissement.

Nous aimons à nous représenter notre jeune compatriote confondu dans les rangs de cette jeunesse studieuse, luttant d'ardeur avec ses condisciples, et puisant à l'école des doctes Oratoriens le goût des lettres et des sciences historiques qui devaient l'illustrer un jour.

Dès l'année 1616, l'enseignement des Pères de l'Oratoire au collége de Dieppe comprenait huit classes, dont une de théologie morale fondée par le R. Père Brice (2). Il est donc permis de croire qu'Asseline put terminer à Dieppe même ses études ecclésiastiques.

Nous ignorons en quelle année il fut ordonné prêtre. Malgré nos recherches particulières et celles faites à Rouen par l'éminent archiviste de la Seine-Inférieure, M. Ch. de Beaurepaire, non-seulement la date de son ordination ne nous a pas été révélée, mais encore nous n'avons pu savoir s'il avait exercé ailleurs qu'à Dieppe ses fonctions sacerdotales (3).

(1) Le témoignage d'Asseline, qui fréquentait les classes du collége de Dieppe moins de vingt années après sa fondation, empêche de rejeter comme inexact ce nombre, tout incroyable qu'il puisse paraître — Nous remarquerons toutefois qu'en 1642 il n'était plus que de 5 à 600, comme en fait foi un document authentique publié par M. Ch. de Beaurepaire, dans son beau livre intitulé : *Recherches sur l'Instruction publique dans le Diocèse de Rouen avant 1789.* — Evreux, 1872, tome II, p. 119.

(2) Ch. de Beaurepaire. — *Op. cit.*, t. II, p. 114. — M. C. Guibert, *Mém. chron. pour servir à l'Hist. de Dieppe* (man. conservé à la Bibliothèque de Dieppe), p. 334.

(3) Un moment nous pensâmes avoir retrouvé la trace du passage de notre chroniqueur à Avremesnil, en 1645. Le curé de la première portion de cette paroisse était alors un David Asseline.

M. l'abbé Gilles, curé de Brachy, voulut bien, à notre demande, faire quelques recherches dans les archives de l'église d'Avremesnil, et l'acte mortuaire suivant dont il nous envoya copie, dans sa lettre du 27 janvier dernier (1874), n'a pas tardé à nous convaincre que nous nous étions bercé d'une illusion.

« Le samedy unziesme jour de juillet de l'an mil six cents cinquante-
» quatre, est decedé discrette personne maistre David Asselinne, prêtre,
» curé de la première portion d'Avremesnil, lequel, pendant sa maladie,
» a donné les marques de la pieté en la reception des saints Sacrements,
» et a esté inhumé, le lendemain 12 du susdict mois, par M. le curé de
» Reuville, doyen de Brachy. »

En 1668, nous le trouvons à Dieppe *prêtre habitué en l'église Saint-Jacques* (1). Cette position indépendante et si bien appropriée à ses goûts pour l'étude fut, nous le pensons, la seule qu'il occupa jusqu'à sa retraite définitive à Longueil.

Déjà nous avons eu l'occasion de faire connaître que la mère de notre chroniqueur mourut en cette année 1668.

Nous donnons ici l'acte d'inhumation de cette vénérable dame, tel que nous l'avons relevé sur le *Registre des Baptesmes, Mariages et Inhumations de la paroisse de Longueil* :

« Ce jourdhuy, sixiesme de decembre 1668, a esté inhumée dans lesglize de Longueuil Martine Hambon (2), bourgeoise de Dieppe, aagée de soixante et dix ans ou viron, apres auoir receu les s^{ts} sacrements de penitence, eucharestie et extrême onction, le tout par le sieur curé dudit lieu, pres[ence] des parents et amys soubsignez. »

MAREST.   JACQUES LE ROY.

David Asseline, alors âgé de 49 ans, fut vivement affecté de cette mort et dut chercher dans sa foi une consolation à sa douleur.

C'est pourquoi « meu de devotion » et soucieux d'assurer à ses chers parents défunts et à lui-même après sa mort des prières perpétuelles, il s'occupa sans retard de fondations pieuses en faveur de l'église de Longueil et de diverses confrairies qui y étaient en honneur.

Dans un registre (3) que nous a communiqué M. le curé

---

(1) Tous les documents s'accordent à dire que David Asseline fut habitué en l'église Saint-Jacques. Il convient, toutefois, de faire observer qu'en tête de son manuscrit il se qualifie seulement *Prêtre de Dieppe* (sacerdos Dieppæus), et que nous avons vainement feuilleté pour trouver son nom les registres des comptes de la Fabrique de Saint-Jacques.

(2) Le mot *Hambon* est lisiblement écrit sur l'acte original et nous le reproduisons ici fidèlement. Nous devons cependant faire remarquer que partout ailleurs on lit *Hauron*, orthographe adopté par M. Lamurée dans sa Notice sur Asseline.

(3) *Répertoire des pièces, tiltres, contrats et écritures concernants la possession des biens et héritages appartenants au trésor et fabrique de l'église du* (sic) *monsieur Saint-Pierre de Longueil*. Registre in-f° de 63 feuillets, rédigé vers le milieu du XVIIIe siècle.

de Longueil, nous trouvons une copie du contrat sur parchemin passé à cet effet par David Asseline, document précieux pour nous et que, malgré sa longueur, nous croyons devoir publier :

« Contrat passé par deuant Jean Dubosc, tabellion à Longueil, et Jean Boullard, sergent audit lieu, son adjoint (le 1er janvier 1669), par lequel discrette personne maître Dauid Asselinne, prestre habitué en la paroisse de St-Jacques de la ville de Dieppe, y demeurant, fils unique et héritier de defuncts honorable homme Jean Asselinne, viuant bourgeois dudit Dieppe, et de honneste femme Martine Hauron, sa mere, lequel Me David Asseline, meu de devotion, a donne et osmonné.

« Aux confreries du St-Sacrement de lhotel (sic) et à la Charité de St-Pierre fondées en l'eglise paroissialle de Longueil, stipulez par les sieurs curés dudit lieu et anciens maîtres et freres de ladite Charité, c'est à scauoir : le nombre de trente liures de rente fonciere, immortelle et inraquitable, à prendre et à auoir par chacun an sur tous les biens et heritages dudit sieur Asselinne, donnateur, et par speciale hypotèque sur deux masures assises en ladite paroisse de Longueil, au haut dudit lieu, au terroir du *Quief de Porc*.

« La première contenant un acre et demie ou viron, logée de maisons, granges, étables et autres batiments, bornée d'un costé les héritiers de Me Jacques Samson, prestre, viuant vicaire dudit St-Jacques de Dieppe, d'autre costé Jean Dubois au droit de sa femme ; d'un bout la sente des forières vers la mer, et d'autre bout la grande rue du haut dudit Longueil.

« La seconde contenante deux acres ou viron, non logée, nommée le *Jardin du Prainsoir*, bornée d'un costé son Altesse Monseigneur le duc de Longueville, d'autre costé le sieur Dauid Chauuel, bourgeois de Dieppe, d'un bout la sente des forières, vers le midy, et d'autre bout la grande Rüe. Laquelle somme de trente liures de rente est partagée entre ladite confrerie du St-Sacrement et lade Charité, qui est à chacun quinze liures ; lesquelles quinze liures, données à lade Charité, ont commencé à courir du 6 décembre 1668, jour auquel fut inhumée dans ladite eglise ladite Martine Hauron, mère dudit sieur donnateur, à l'intention de laquelle ladite Charité sera tenue et obligée de faire dire et célébrer, par chacun an et à perpétuité, le nombre de douze messes, qui sera une messe par mois au premier mercredy du mois, du nombre desquelles une sera celebrée de l'office des trépassez et chantée en note, auec le *Libera* a la fin d'jcelle, prières et oraisons accoutumées, ledit jour sixième de décembre, jour du deceds de lade dame Hauron, et sera le sieur curé de ladite paroisse obligé d'en auertir au prosne de la messe paroissialle le dimanche précedent ledit jour sixieme de decembre et recommander aux prieres l'ame de lad⁰ Hauron et de ses parents et de dire publiquement un *De profundis* et luy sera payé cinq sols pour le droit, et sera aussy payé pour deux chapiers qui assisteront et chanteron la dite messe eu note chacun deux sols, pour le celebrant vingt sols et au clerc cinq sols, qui sera tenu sonner une *allenée* (1) le jour précédent de lad⁰ haute messe en deuil, et pour les autres onze messes restantes seront celebrées en basses et sans chant, auquel celebrant sera payé pour chacune messe dix sols, tant pour ladite messe que pour le *Libera, De profundis* et oraisons qui seront dites à la fin d'jcelle à l'intention de la d⁰ defunte sur sa tombe dans la chapelle de Ste-Veronique, où elle est inhumée en ladite eglise que pour ledit sieur Donateur, leurs amis viuants et trepassez.

« Et pour les autres quinze liures données et osmonnées à ladite confrerie du St-Sacrement ont commencées a courir du jour du deceds dudit s^r Donateur, a la charge par jcelle confrerie de faire dire et celebrer le nombre de douze messes auec pareille solemnité, seruice, charge et condition que dessus, lesdits quinze liures de rente payables au bout de l'an du deceds dudit s^r Donateur.

« Et en cas qu'il arriue des festes solemnelles ou autres offices prouisoires a ladite eglise les jours du deceds, ledit sieur curé les pourra remettre aux prochains jours suiuants, qui fera auertir le fermier des dites masures du jour de ladite remise, et outre ce que dessus, ledit sieur Asselinne veut et entend qu'en cas que lad⁰ Charité de St-Pierre et confrerie du St-Sacrement vinsent à cesser, la d⁰ donation par luy faite a l'un ou a l'autre qui viendra a manquer retournera au profit du tresor et fabrique de lad⁰ eglise de Longueil, aux fins par ledit tresor de faire les seruices, charges et conditions cy dessus, moyennant la jouissance de lad⁰ donation, delaquelle le dit tresor entrera en possession pour courir à son benefice et à perpétuité.

« Plus ledit sieur Asseline a donné et osmonné à la confrairie du Bienheureux St-Adrien, fondée en lad⁰ eglise de Longueil, la so⁰ (somme) de cinq liures de rente fonciere immortelle et inraquitable par chacun an a prendre specialement sur une piece de terre assise en lad⁰ paroisse de Longueil, au terroir de la *Croix Baudry*, contenant trois acres ou viron, bornée d'un costé le s^r de Longueil, d'autre costé les héritiers Robert Bouuier, d'un bout le sieur Dupont et d'autre bout ledit sieur Chauuel. Lesdits cent sols payables a un seul terme au jour du deceds dudit sieur Donateur par chacun an et a perpétuité, au moyen que lad⁰ confrairie fera

---

(1) *Allenée*, sonnerie de deuil composée de deux temps, les *tintements* distancés, au nombre de neuf pour un homme et de six pour une femme, et la *volée* ou mise en branle de la cloche. Assez souvent, surtout dans les campagnes de l'ancien pays de Caux, l'*allenée* comprend trois *volées* séparées l'une de l'autre par les *tintements*. Parfois, on désigne sous le nom de *trépas* les tintements par lesquels commence l'allenée.

dire et celebrer annuellement, a commencer au jour du deceds dudit sieur Donnateur ou autre jour suiuant s'il étoit occupé de festes solemnelles, d'an en an, trois hautes messes, la premiere de l'office de St-Adrien, la deuxieme de la s^{te} Vierge et la troisieme des trepassez, de faire sonner en deuil une *alnée* le jour precedent ledit seruice, en recommandant au prosne de la messe, le dimanche precedent, l'ame dudit s^r Donateur et celle de ses amis aux prières des fidèles et dire publiquement un *De Profundis;* pour ce sera payé cinq sols au s^r curé et vingt sols pour la messe, et aux deux prestres celebrants chacun quinze sols, et pour auoir sonné en deuil sept sols six deniers, et le surplus restant des dites fondations sera au profit desdites confrairies, et si ladite confrairie venoit a cesser dans ladite eglise, ledit s^r Donateur entend que les dits cent sols de rente reuiennent au profit dudit tresor et fabrique de lad^e églize, aux charges et conditions cy dessus.

« Et en outre ledit sieur Asselinne, donateur, a donné et osmonné au tresor et fabrique de lad^e eglise cent sols de rente fonciere immortelle et inraquitable, payable aussy à un seul terme, le premier payement au jour du deceds dudit sieur Donateur, sur tous ses biens et par spéciale hypotèque sur lad^e piece de terre assise au terroir de la *Croix Baudry* cy dessus bornée, a la charge par ledit tresor de faire dire et célébrer trois hautes messes annuellement, a commencer au jour du deceds dudit s^r Donnateur avec les memes circonstances et solemnitez mentionnées en la fondation par luy cy dessus faite a la confrairie de St-Adrien, la premiere desdites trois messes de l'office du St-Esprit, la seconde de la s^{te} Vierge, et la troisieme et derniere des trepassez, et le tout suiuant qu'il est plus au long contenu audit contrat de donnation montant a quarante liures de rente, en datte du premier janvier 1669 (1). »

Après s'être acquitté de ces pieux devoirs, David Asseline revint à Dieppe et reprit ses études historiques.

Travailleur infatigable, il parcourait alors les historiens et les géographes, et relevait soigneusement dans leurs écrits tout ce qui pouvait se rapporter à l'histoire de Dieppe.

Les citations marginales très-nombreuses, que nous trouvons dans son œuvre, démontrent une lecture abondante et prouvent l'attention scrupuleuse avec laquelle il s'appliquait à justifier chacune de ses affirmations en indiquant la source où il avait puisé.

Cette méthode excellente et la seule vraiment scientifique,

---

(1) *Repertoire des Pieces, Tiltres, etc., de l'église de Monsieur Saint Pierre de Longueil,* folios 16, 17 et 18.

quoique trop généralement négligée au xviie siècle, fait le plus grand honneur à David Asseline.

Le moment vint enfin d'utiliser les innombrables matériaux qu'il avait si laborieusement amassés. Après avoir dédié son œuvre à la *Divine Providence* et à la *Sainte Vierge, mère de Dieu*, le saint prêtre commença la rédaction de ses *Antiquitez et Chroniques de la ville de Dieppe*. Son récit s'arrête à l'année 1682, et cette date est également inscrite en tête du manuscrit. On pourrait en inférer que David Asseline accomplit sa tâche entière en cette seule année. Nous avons peine à le croire ; il nous paraît plus probable que la date de 1682 indique seulement ou le commencement ou la fin de la rédaction.

Ce qui est bien certain, c'est que, jusqu'à sa mort, il ne cessa de revoir ce travail cher à son cœur, d'en modifier certains passages et d'enrichir le tout d'annotations et d'additions relatives aux faits dont il était témoin.

Dans ses dernières années, Asseline paraît avoir entièrement cessé de résider à Dieppe, et tout nous porte à croire que dès l'année 1690 il s'était retiré dans sa terre de Longueil.

Une note remarquable ajoutée par lui à son manuscrit, à propos du bombardement de 1694, nous apprend qu'à cette époque il était infirme et hors d'état de se renseigner assez exactement sur le désastre qui avait ruiné Dieppe et dont son âme était si grandement affligée.

M. l'abbé Lamurée s'est appliqué à nous faire connaître la société dans laquelle le vénérable chroniqueur passa ses dernières années :

« Déchu, il est vrai, de la splendeur de ses jours anciens, dépouillé de l'éclat que reflétaient sur lui ses seigneurs illustres, Longueil gardait toujours néanmoins les bonnes traditions d'un passé rempli de souvenirs d'honneur, de probité et de religion. Autour de la forteresse s'étaient groupées plusieurs familles honorables, entretenant d'heureuses relations avec la maison seigneuriale et vivant avec elle sous son égide dans une noble émulation de mérites et de vertus. Nous retrouvons encore en 1695, les de La Faye, les

Bonnechose, les de Laleau, l'écuyer Parent, les Richer (un membre de cette famille, Louis, était alors archer du grand prévôt de Normandie) (1), les Duchesne ou Duquesne, Adrien, Pierre et Abraham. A cette liste, il faut ajouter les noms de Michel Petit, tabellion, de Marie Rose, adjoint et collecteur en la sergenterie de Longueil, de Laurent Duboc, « honorable homme et bienfaiteur. »

« Mentionnons surtout une femme également distinguée par sa naissance, sa piété et ses libéralités considérables, Barbe de Moy (la donatrice de notre belle verrière représentant sa patronne), veuve de maître Theroulde, avocat au parlement de Normandie, résidant à Longueil. Elle fit inhumer son mari dans la chapelle de Saint-Adrien, et, par contrat du 8 janvier 1692, donna à l'église, en échange de ce droit de sépulture et d'inscription tumulaire, une maison, une masure, un clos et six pièces de terre.

« Les fonctions ecclésiastiques étaient remplies dans la première portion par Adrien Terrier, bienfaiteur de son église, à laquelle il fit don d'ornements rouge et blanc, outre un calice et une patène d'argent, présent considérable pour l'époque. Ce digne prêtre avait, en maintes circonstances, conjuré ses paroissiens de ne l'oublier point après sa mort ; et, pour assurer au repos de son âme le bénéfice de leurs prières, il constitua une donation avec cette clause pieuse, mais assez singulière : « que tous les ans, le Vendredi-Saint, les prédicateurs le recommanderaient aux suffrages des assistants avant de prêcher la Passion, réciteraient publiquement le *De profundis*, et recevraient dix sols pour honoraires. » Adrien Terrier avait pour vicaire l'abbé Beriran, originaire de Longueil.

« La seconde portion était administrée par M⁰ Quatre-Sols, également zélé pour la décoration de l'église, comme en font foi nos archives. Il n'eut d'abord que le titre de vicaire, ensuite fut nommé curé, gouverna longtemps son petit troupeau, et quelques années après la mort de David Asseline, il

---

(1) C'est également à cette famille qu'appartient le fabuliste Henri Richer, né à Longueil en 1685, mort à Paris le 12 mars 1748.

se retira pendant une maladie dans la propriété qu'il possédait à La Gaillarde, près Bourg-Dun, mais revint mourir au milieu de ses ouailles et fut inhumé dans le chœur de l'église. Son vicaire était M° Adrien Ridel (1). »

Dans ce milieu, dit fort bien M. l'abbé Lamurée, le bon chroniqueur dieppois dut vivre heureux : ces hommes de foi se comprirent, et leur amitié dut embellir la retraite du vieillard. Ensemble, sans doute unis par la communauté des mêmes sentiments, tous goûtèrent cette parole des saints livres : « Qu'il est bon, qu'il est agréable pour des frères de vivre d'un seul cœur. »

La tradition a conservé le souvenir d'un acte pieux de David Asseline. Auprès de sa propriété s'élevait une croix de grès richement sculptée, appelée la *Croix Baudry*, du nom de son fondateur. Cette croix ayant été renversée par un ouragan, Asseline la fit rétablir à ses frais.

Beaucoup d'autres bienfaits assurément, dont la tradition ne parle pas et que Dieu seul connaît, ont été accomplis par notre vénérable chroniqueur. La lecture de son livre, surtout aux pages concernant les dissentions religieuses du seizième siècle, démontre assez combien son cœur était aimant et combien la mansuétude et la charité chrétienne dirigeaient toutes ses actions.

Il s'éteignit dans les bras du Seigneur au mois de septembre 1703.

Sur le Registre des Sépultures de la paroisse de Longueil, on lit, à ladite année :

INHUMATION DE Mre DAVID ASSELINE, P^{tre}.

« Cejourdhuy vingt septyesme jour de septembre, aud. an, a esté inhumé dans l'eglise dud. lieu de Longuëil le corps de M^{tre} Dauid Asselinne p^{tre}, en son viuant dem^{t} aud. lieu, lequel estoit agé de viron quatre vint quatre ans, aprest auoir receu les Saints Sacrements de l'eglise, laquelle inhumation a esté faitte par Monsr le curé de Brumenil (*Ambru-*

---

(1) M. l'abbé Lamurée, *Une page d'histoire locale*. — *Vigie de Dieppe*, n° du 9 mai 1862.

mesnil), presence des temoings sous signez; fait le jour et an que dessus. »

Signé : M. Santais, et sur la droite : le ✝ merc (la marque) de Pierre Hamel.

Dans l'acte du 1ᵉʳ janvier 1669, nous avons vu que la mère de David Asseline avait été inhumée dans la chapelle de sainte Véronique. Nous pensons que c'est également dans cette chapelle, à la hauteur du pilier de droite voisin de la porte du chœur, que lui-même fut déposé. Sa sépulture doit être contiguë à celle appartenant à la famille de son oncle Guillaume et dont l'emplacement est ainsi désigné très-exactement dans un acte du 24 juillet 1709 (1) : « Ladᵉ place, scituée proche de l'entrée du cœur de ladᵉ eglise, du costé de la main droite, contenant 9 pieds en descendant vers la nef et prenant par le milieu de la porte du cœur de ladᵉ eglise, et 12 pieds allant vers les balustres de la chapelle de Sᵗᵉ Veronique... »

Asseline mort, aucune plume amie n'entreprit de faire revivre sa mémoire, et le silence de l'oubli ne tarda pas à environner sa tombe.

Son œuvre lui survivait, il est vrai, et ne cessa d'être appréciée des amis de notre histoire locale, mais plus d'un siècle et demi devait s'écouler avant que l'on songeât à rendre à son auteur l'hommage qu'il méritait.

M. l'abbé Cochet répara cet oubli. A plusieurs reprises le savant inspecteur des Monuments historiques de la Seine-Inférieure avait entretenu ses lecteurs de David Asseline (2); le 26 janvier 1862, il écrivit au Maire de Dieppe une lettre remarquable dans laquelle il demanda qu'une *inscription gravée en lettres d'or sur marbre noir* fût placée dans l'église de Longueil pour rappeler le souvenir du chroniqueur dieppois.

---

(3) *Répertoire des Pièces, Tiltres, etc., de l'église de Monsieur Saint-Pierre de Longueil*, fº 11, verso.

(4) M. l'abbé Cochet, les *Eglises rurales de l'arrondissement de Dieppe*, 1850, p. 67-71. — *Galerie dieppoise*, 2ᵉ édit., p. 249-256.

Cette lettre et l'arrêté pris deux jours après par M. Le Clerc-Lefebvre, maire, ont été publiés dans la *Galerie Dieppoise*, 2ᵉ édition, pages 254-256.

Le Conseil municipal s'empressa de ratifier cette décision, et c'est depuis ce jour que le voyageur égaré sur les rives de la Saâne, s'il entre dans la modeste église de Longueil, peut lire au côté droit de la nef principale une inscription ainsi conçue :

A LA MÉMOIRE

DE

DAVID ASSELINE

AUTEUR DES « ANTIQUITEZ ET CHRONIQUES
DE DIEPPE (1080-1682) »

LA VILLE DE DIEPPE RECONNAISSANTE.

———

LE PRÊTRE ASSELINE, NÉ A DIEPPE EN 1619,

EST MORT A LONGUEIL EN 1703.

SON CORPS REPOSE DANS LE CHŒUR DE CETTE ÉGLISE.

———

PRIEZ DIEU POUR SON AME.

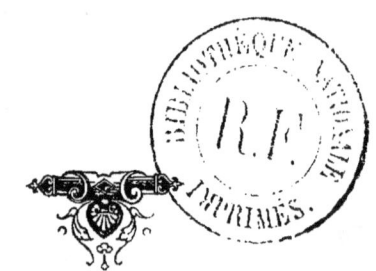

www.ingramcontent.com/pod-product-compliance
Lightning Source LLC
Chambersburg PA
CBHW060456050426
42451CB00014B/3349